AF359500

NOTICE

SUR UN MANUSCRIT INTITULÉ

ANNALES MUNDI

AD ANNUM 1264.

Cette notice, extraite du *Bulletin du bibliophile*, et tirée à part,
était restée, malgré nos soins, tellement chargée de fautes typogra-
phiques, que nous avons cru devoir la faire réimprimer. Quelques
changements et quelques additions nous ont semblé utiles. Nous
espérons que, cette fois, nos efforts ayant été moins infructueux,
notre travail sera moins imparfait.

Paris. — Typographie de Firmin Didot Frères, rue Jacob 56.

NOTICE

SUR UN MANUSCRIT INTITULÉ

ANNALES MUNDI

AD ANNUM 1264

PAR

LE C^{TE} CHARLES DE L'ESCALOPIER,

Conservateur honoraire, chargé du Catalogue raisonné des manuscrits,
à la Bibliothèque de l'Arsenal ; de la Société royale
des Antiquaires de France.

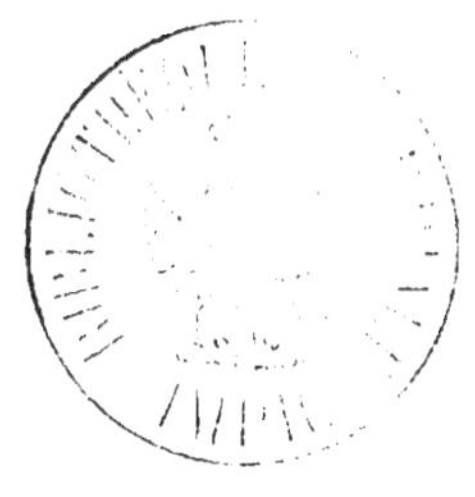 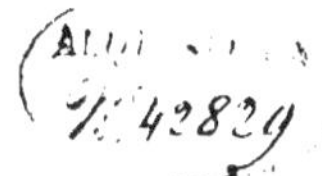

PARIS.

J. TECHENER, LIBRAIRE,
PLACE DU LOUVRE, 12.

1842.

NOTICE

SUR UN MANUSCRIT INTITULÉ

ANNALES MUNDI AD ANNUM 1264 [1].

ANNALES MUNDI AD ANNUM 1264, sans nom d'auteur, 1 vol. in-8° de 189 feuillets; les 15 premiers contiennent la table. Ms. à longues lignes, au nombre de 24 sur les pages entières, beau vélin fin; 17 centimètres de hauteur, 104 millim. de largeur [2]; écriture de la fin du XIIIe au commencement du XIVe siècle; initiales coloriées : les mots *In primordio* qui composent la première ligne, sont en capitales alternativement bleues et rouges, forme allongée du gothique croissant. Rel. en veau, fil.

La chronique renfermée dans ce volume a beaucoup d'analogie avec celle de S. Marien d'Auxerre, publiée par Camusat, sous ce titre :

---

[1] Bibliothèque de l'Arsenal. ms. lat. H. 8°. n° 11.

[2] La justification porte 112[millim.] h. , sur 64.

Chronologia seriem temporum et historiam rerum in orbe gestarum continens, ab ejus origine, usque ad annum a Christi ortu millesimum ducentesimum ; auctore anonymo, sed cœnobii S. Mariani apud Altissiodorum, regulæque Præmonstratensis monacho [1]. Pour ce qui concerne l'histoire des anciens peuples, notre manuscrit ne donne qu'un abrégé de cette chronique. Plus loin, tout en s'occupant du même ordre de faits, les auteurs diffèrent souvent dans les détails. Nous n'entreprendrons pas une comparaison suivie des deux ouvrages; mais, sans adopter dans toute son énergie le jugement écrit par une main moderne au feuillet qui sépare la table du texte, nous regardons ce volume, sinon comme *liber pretiosior auro,* du moins comme très utile à étudier. On en trouve des fragments dans le *Recueil des historiens de France* [2]. Ils ne remplissent qu'une page et s'étendent de 987 à 1031. Il y est question du roi Robert, de son hymne *O constantia martyrum,* des empereurs Othon et Conrad, de Gui d'Arezzo, qui florissait vers 1025, dans le monastère de Pomposa, de l'ordre de Saint-Benoît, près de Ravenne.

[1] Trecis. 1608, 4°.

[2] T. X, p. 292. — E codice Colbert., nunc Regio. — D'après les savants éditeurs, l'auteur anonyme de la chronique était de Limoges : *auctor fuit Lemovicensis.* Ibid. n. a.

Une note, qu'on lit au dernier feuillet du manuscrit, indique qu'il provient de la bibliothèque du baron de Heiss, et qu'il *paroît avoir été l'original.*

Notre anonyme a suivi la chronique d'Eusèbe, traduite et continuée par saint Jérôme ; les histoires de Bède et les récits de Turpin. C'est ce que prouvent ces phrases : *Huc usque chronica sua perduxit Eusebius. — Huc usque Hieronymus... — Usque ad hunc locum... Chronica Bedæ pertendunt. — Ex hinc Turpinus...*

Dans la première partie, le chroniqueur mène de front les histoires anciennes, sacrées et profanes ; les faits qu'il raconte sont connus, on peut les lire partout. Notre esprit de nationalité a si bien fait que nous savons mieux encore ce qui s'est passé chez les Grecs et chez les Romains que ce qu'ont fait nos pères ; nous connaissons plus fidèlement les souvenirs qui se rattachent aux *palais ensanglantés des Pélopides* [1], que ceux dont nos manoirs, si féconds pourtant en épisodes, ont été les témoins. Nous ne nous occuperons donc ici que de la seconde partie de l'ouvrage.

Sans négliger les faits relatifs à l'histoire civile

---

[1] Πολύφθορόν τε δῶμα Πελοπιδῶν....

Sophocle, *Électre.*

1.

et militaire, notre manuscrit traite plus spécialement du travail de développement intérieur subi par le christianisme depuis qu'il est sorti victorieux des persécutions. C'est dans cet ordre de faits que nous puiserons surtout nos extraits, en recueillant de préférence ce qui nous a paru le plus remarquable sur les fondations religieuses, les origines liturgiques et les légendes.

Nous allons d'abord donner la partie du sommaire qui se rapporte à l'ère chrétienne : elle fera connaître le livre mieux que tout ce que nous pourrions en dire.

« Christus nascitur. - Urbes corruunt. — Herodes moritur et Augustus. - Tyberius. - Ovidius. - Johannes-Baptista. — Pyláti mors. - Mors Herodis. - Divisio apostolorum. - Conversio Gallicorum. - Divisio discipulorum. - Strages Judeorum. — Persius. - Nero. - Seditio Judeorum. - Stacius. - Nero. - Jacobus. - Seneca. — Vespesianus. - Petrus et Paulus moriuntur. - Linus papa. - Nero interficitur. - Vespesianus imperat. - Destructio ultima Jherusalem. — Josephus. - Annus a prima edificatione templi usque ad ultimam subversionem ejus. - Tytus imperat. - Mors Tyti. - 2ª. Persecutio Christianorum. - Dyonisius. - Jo. Euvangelista. — 3ª. Persecutio. - Jo. moritur. - Clemens papa *Te igitur* invenit.—Adrianus imperator mirabilis. — Aque benedicte institutio. - Aquila secundus interpres. - Galienus. - Constitutio *Ne clerici comam nutriantur*. - Justus. - Fotinus episcopus. — Ut Pascha die dominica celebraretur. - 4ª. Persecutio. - Heresis Cathafrigarum. - Egesyppus hystoricus. Hyreneus martir. Theodocion tercius interpres. - Conversio Britonum. — Clemens Alexandrinus doctor. - 5ª. Persecutio. — Ireneus Lugdunensis. - Symacus Vᵘˢ interpres. - Origenes. - Exemplum optimum. — Origenes. - Cecilia, Tyburcius et Valerianus. - Urbanus papa. - 6ª. Persecutio. - Affricanus ystoriographus. - Primus imperator Christianus. — 7ª. Persecutio Christianorum per Decium. - Heresis Novaciana. - Antonius monachus. - Ne episcopus solus incedat. - Origenes contra fidem plura scribit. — Decius et Valerianus. - 8ª. Persecutio. - Peregrinus martir. — Syxtus, Laurentius, Ypolitus. — Gregorius episcopus. - Parochie et dyoceses dividuntur. - 9ª. Persecutio. - Ascensus ordinum. — Heresis Manicheorum. - A Dyocletiano 10ª. Persecutio. - Sanctus Mauricius. - Nota martiria. - vii annis et ultra pontificatus Romanus cessat. - Cosmas et Damianus. - Imperium Romanorum dividitur. - 11ª. Persecutio. — Nota XXX milia librorum. - Constantinus. - Ut non jejunetur die dominica. - Omnes pape ante Sylvestrum martires. - Katerina Martir. — De cruce. — Constantinus baptizatur. - Statuta Constantini. - Arrius hereticus. - Beatus Nicholaus. - De Inventione †. — Beatus Antonius. - Donatus hereticus. - Beatus Athanasius. - Constantinus ecclesiam Lateranensem construxit et Bizancium et Mauritimam civitates. — Imperator favet Arrianis. - Hylarius Pictaviensis. - Eusebius Vercellensis. - Maximus Trevirensis. — Antonius moritur. - Victorinus rethor et Donatus grammaticus. - Heresis Antropomorphitarum. — Julianus apostata. - Johannes et Paulus martires. - Ylarion. — † vindicta in Judeos. - Mors Juliani apostate. — Terre motus. — Statutum ut psalmi cantentur. - Didimus. - Heremite. - Martinus. - Athanasius. - Ambrosius. — Franci. - Heresis Emomiana. - Ut monachi militarent. - Gregorius Nazanzenus et Basilius. — Nota de Gothis, Wandalis, Hunis, Alanis. — Ambrosius. Martinus. - Paula et Eustochius. - De Psalterio. - *Gloria Patri*. - Psalmocinatio chori utriusque. — Basilius. - Franci. - Sancta synodus. - *Credo in unum*. - Heresis Macedonii et Priscillianistarum. — De Antiphonis et ymnorum institutione. - De Francis. - Gregorius Nazanzenus obiit. - Arsenius. - Puer duo habens capita. — Abacuch propheta. - A Gothis Roma capitur, et Augustinus librum *De civitate Dei* scribit. - Martinus obiit et Ambrosius. - Crisostomus. - Donatus episcopus. - Jeronimus. - Alexis Romanus. — Heresis Pelagiana. - Ossa Samuelis. - Paula moritur. - Augustinus claret. — Thiconius. - Femina gigantea. - Terre motus. - Franci. - Inventio protomartiris. - I^{us} rex Francorum. - Jeronimus obiit. — Roma capitur. - Paulinus. - Johannes Cassianus. - II^{us} rex Francorum. - Sanctus Patricius. — Heresis Nestoriana. - Moritur Augustinus. - Leo papa. — De septem fratribus Dormientibus. - III^{us} rex Francorum. - Remigius Remensis. - Sidonius Arvernorum episcopus. - Germanus Antisiodorensis. — Nota mirabile immo miserabile. - Beati Lupi miraculum. — Gallia vastatur. - Undecim mille Virgines. - Atila moritur. - Genovefa. - Ordo officii. - Ne juretur. — IIII^{us} rex Francorum. — Helyseus. - De Rogationibus. - Petrus ad vincula. - Prosperus episcopus. - Arturus. - Merlinus. — Franci Gallias vastant. - V^{us} rex Francorum, primusque Christianus eorum. - Remigius Remensis. - Vedastus Atrebatentis. - Barnabas apostolus revelatur. - Avitus. — Inventio sancti Michaelis. - Duo Romani pontifices. - Launomarus. - Conversio Francorum. — Genovefa obiit. - Arnulphus. - Regnum Francorum partitur. - VI^{us} rex Francorum. — Nota ecclesiam a Deo consecratam. - Leonardus. - Boecius philosophus. - Sigismundus rex Burgundie. - Radegundis. - Benedictus. - Justinianus. - Ypapanti Domini. - Cassiodorus. - Priscianus grammaticus. — Stola sancti Vincentii et tunica. - Sine lingua loquens donum amittit superbus. - Benedictus moritur. - Theophilus. — Benedictus junior. - Ypapanti. - Judei puer projectus in clibano per beatam Mariam liberatur. - Remigius moritur. - Protomartir Romam transfertur. - De ymagine sanguinante. — Sanctus Brandanus. - Nota mirabile de monte. - Clotarius obiit. - Armenii baptizantur. - Germanus Parisiensis. — De Longobardis. - De obitu beati Mauri et cxvi fratrum. — De lupis et pane sanguinolento. - De invento thesauro preciose †. - VII^{us} rex Francorum. — Sanctus Austregisilus obiit. - Rex Francorum perimitur. - Radegundis obiit. — Diluvium Rome. - Mortalitas Rome. - Gregorius Magnus. — Gregorius Magnus invenit *Kirie eleison*, *Alleluia*, Antiphonarium. - Gregorius Turonensis episcopus. - De tunica Domini. — Nota prodigia. - Nota mirabile sompnium. - Novum concilium contra Symoniacos. - Conversio Anglorum. - Augustinus Cantuariensis. - Lupus Senonensis. - Semi-homines. - Columbanus. - Mauricius imperator hic punitur. — Nota de Gregorio. - Nota panes conversos in lapides. - Johannes elemosinarius. - Festum omnium sanctorum. - Reliquie Jo. Baptiste. — Jherusalem capitur. - Ysidorus. — Exaltatio crucis. - Perversio Sarracenorum. -

Mahumeth. — Destructio regni Persarum per Sarracenos. - Judei ba ptizantur. - Nota durum verbum quot mala facit. - De cruce. — Infans baptizatus *Amen* dicit. - Eligius et alii in curia regis. - Judei baptizantur. - Arnulphus. — Osualdus rex. - Furseus episcopus. — Sancti Fursei miracula. - Sanctorum habundancia. - Martinus papa martir. — Nota cecum vere illuminatum. - Contra irreverenciam ad reliquias. — Sancta Baptildis regina. - Hoc tempore Eligius obiit. - Prejectus episcopus Arvernorum. - Resurgens quidam inferni penas dicit. — Translatio beati Benedicti. - Mala Ebronii. - Leodegarius martir. - Nota ordinem Misse. - De Pipino Brevi. - Finis regni Britonum. - Episcopus a sacerdote martirizatur. - Lambertus Leodiensis episcopus. - Beda. - Cronica Adonis. — Reges monachantur. - Michael apparet. — Reparatio montis Cassini. - De Karolo Martello. — Sarraceni Yspaniam vastant. - Translatio beati Augustini Papiam. — Sarraceni Aquitaniam capiunt. - Karolus Martellus Aquitaniam subjugat et Burgundiam. - Contra detentores decimarum. - Vienna. — Beda obiit. - Monasterium ditissimum. — Translatio Magdalene. - Translatio regni Francorum prima. - Sanctus Egidius. - Tribulatio pape. — Liberatio Romanorum per Francos. - Nota monstra. — De Petronilla. - Fiacum. - Arvernia capitur. - Caput Johannis Baptiste. - Nota gelu. - Aquitania capitur. - Nota stellas cadentes. - Nota ymaginem Crucifixi sanguinantem. - Pipinus moritur. - Karolus Magnus. - Cisma. — Constantinus Pessimus. — Nota devotionem Karoli et destructionem regni Longobardorum. — Saxones fiunt Christiani. - Christus. - Maria. - Nota studium, Magistros, et devotionem Karoli. - Turonis occiduntur monachi. — Reliquie. - Rollandus et Oliverius moriuntur. — Imperator excecatur. - Papa mutilatur. - Sanctus Salvius. - Karolus fit imperator. —Translatio imperii ad Francos. — Mores filiorum Karoli. - Destructio Hunorum. - *Gloria laus.* — Testamentum Karoli. - Mors Karoli. — Translatio sancte Cecilie. — Nota de Cespite. - Puella jejunans per annos III. - Glacies in estate. - Libri Dyonisii. - Rabanus. - Conversio Danorum. - Translatio Sebastiani. - Caput Gregorii. — Festivitas omnium sanctorum. - Translatio sancti Bartholomei. - De Normannis. — Seditio fratrum et divisio imperii. - De Normannis. - Boemi baptizantur. — Unde nummus sancti Petri. - Normanni. - Imperator monachatur tercius a Karolo Magno. - Corpora Tyburcii et Urbani. - Aquitania vastatur a Normannis. — De Aimundo rege. - Sanguis pluit triduo. — Caput Gregorii Magni. — Unde *Cives apostolorum.* - Prepucium Domini. - Flandria datur. — Persecutio Normannorum. - Nota de Beatis Martino et Germano. — Unde Normanni. - Nota diu regem in Burgundia fuisse.—Destructio Normannorum. - Nota de camisia Beate Marie. - Cluniacum construitur. — Imperator a pediculis perimitur. - Papa a sacerdote capitur. - Conversio Normannorum. — Sanctus Odo Cluniacensis abbas, primus ordinis reparator. - Sanctus Ebbo. — Henricus Bonus imperator. - Sanctus Geraldus. - Rex Francie dolose perimitur. - Alienigena in regem eligitur. - Fons sanguinis. — Sol obscuratur. - Manus abscisa recuperatur. - Sanctus Odo primus abbas Cluniacensis moritur. - Sanctus Maiolus. - Sanguis pluit. —Sanctus Edewardus. - Lothoringia unitur imperio. - Tercia regni Francorum translatio. —Nota episcopum perditorem, et regni Francorum mutacionem per prodicionem factam. — Hugo Capucius. — Exemplum de Richario et Gualerico sanctis. — Girbertus papa miser. - Sanctus Odilo Arvernus. — Quis *Chorus nove Jherusalem*, *Stirps Jesse*, *Solem justicie*, etc. - Girbertus papa moritur. - Epitaphium Girberti. - Festum omnium sanctorum. — Hungari convertuntur. - Gracianus decretum fecit. - Nota de homine facto asino. - Nota vastacionem Terre Sancte. - Aretinus musicus. — Scisma Rome, et III pape, et Romani jurant regi Francorum non se principem electuros sine consensu ejus. - Sanc-

tus Theobaldus. - Presbyter incantator. — Nota
de filio Evandri. - Nota monstra. - Cenobium
Sancte Marie de Karitate. - Sanctus Edoardus,
rex Anglorum. — Scisma. - Sanctus Edoardus
obiit. - Scisma maximum. — Ordo Grandimon-
tis a Stephano Arverno. - Ordo Cartusie. — Translatio sancti Nicholay. - Miraculum Beate Marie. -
Hyspani Sarracenos vincunt. — Anselmus. - In
Claromonte hore Beate Marie dici statuuntur. -
Claromons. - Crucesignantur plurimi. — Baro-
nes. - Exercitus. - Nicea capitur. - Antiochia capitur. - Ordo Cisterciensis fundatur. — Liberatio
Jherusalem. — Byturis regi venditur. - Nota de
porco et pullo habente pedes quatuor. — Sanctus
Bernardus. - Pontiniacense cenobium. - Clarevallis. - Ordo Premonstratensis. - Ordo milicie Templi. - Rex Anglorum submergitur. - Obazense cenobium. — Philippus rex Francorum pedibus
calcatus equinis interiit. - Scisma. — Ecclesia
Aureliensis construitur. - Aquitanie ducatus regno unitur. — Sanctus Malachias. - Guillebertus
doctor. - Hugo et Ricardus de Sancto Victore. -
Petrus Abaelardus. — Johannes de temporibus. -
Scisma. - Tornacensis ecclesia. - Rex et imperator
crucesignati. — Comes Nivernensis in Cartusiam
intrat. - Pressura Christiani exercitus. — Filius
regis Franchie monachatur. - Rex Francorum capitur et mirabiliter liberatur. — Eugenius papa

obiit. - Sanctus Bernardus obiit. - Nota magistros Parisienses. — Regnum Anglie ad Normannos transfertur. — Scisma. - Progenies Karoli redit. - Tres reges Magi portantur Colonie. - Papa in Gallias venit. - Sanctus Thomas exulat. — Philippus rex nascitur. - Sanctus Thomas Cantuariensis martirizatur. - Petrus Comestor. — Mauricius Parisiensis episcopus. — Puella quedam mirabilis. — Joachim abbas. - Panis excommunicatus putrescit. — Persecutio Saaladini. — Jherusalem a Turcis obsessa capitur. — Nota de ymagine Beate Marie. — Rex Francie, Anglie et Imperator crucesignantur. — Rex Francie et Anglie mandant Joachimum qui prophetizat. - Imperator submergitur. — Acon capitur. - Rex Phylippus repatriat. — Ricardus rex repatriando capitur. - Phylippus rex sororem regis Danorum ducit. - Regina Ungarie obiit. — Ricardus rex Anglie obiit. - Mauricius Parisiensis episcopus qui elemosinam noluit accipere ut nunquam fieret episcopus. - Willelmus Byturicensis. — Normannia regno unitur. - Constantinopolis capitur a Francis. - Dominicus. Franciscus. — Byturis capitur. - Fredericus. - Nota de comite Arvernie. - Heretici comburuntur. — Parisienses heretici. - Mulier defuncta resurgit. - Pueri crucesignantur. - Flandria vastatur. — Rex Aragonum a Symone perimitur. - Nota de lacu. - Ordo Vallium Scolarum confirmatur. - Phylippus rex moritur. — Antonius minor. - Helisabeth. - Studium Parisiense dissipatur. - Caristia et mortalitas. - Nota de ymagine salvatoris. - Fredericus excommunicatur. - Decretales compilantur. - Tartari. — Item Tartari. - Mortalitas in Podio. - Papa venit Lugdunum. - Rex transfretat. — Heretici. - Mons. - Ludovicus rex capitur. - Pastorelli crucesignantur. - Canonizantur Willelmus Byturicensis, fratres plurimi, etc. - Dissensio inter magistros et religiosos Parisienses. — Manfredus. - Peregrinus occiditur. - Nota monstra. - Pluviarum inundatio. - Tartarini. - Reges Anglie et Francie pacificantur. — Ordo de penitencia Jhesu Christi. - Cometes apparet. - De Edoardo. - De Karolo rege Apulie. »

Il y a deux paginations, l'une en chiffres romains, ne commençant qu'après le sommaire, l'autre en chiffres arabes, commençant après le feuillet de garde. Dans nos extraits, nous avons cru devoir adopter cette dernière, plus commode pour les recherches et les vérifications.

On lit au folio 43 : Is vero (Seneca) continentissime vite fuit, quem ille epistole que leguntur a plurimis, videlicet epistole Pauli ad Senecam et Senece ad Paulum, vite sanctissime esse demonstrant. In quibus epistolis, cum esset magister Neronis et illius temporis potentissimus, optare se dicit ejus loci se esse apud suos cujus Paulus sit inter Christianos [1].

46. Anno iiii°. imperii Trajani, Clemens papa qui *Te igitur* in canone instituerat, mersus in mare fuit.

Ibid. Alexander... constituit aquam sparsionis cum sale benedici in habitaculis hominum.

47. Anno Domini cliii°. hic (Anicetus) constituit ut clericus comam non nutriat, secundum preceptum apostoli.

Ibid. Sub quo (nempe Pio papa) Hermes librum scripsit in quo continetur mandatum quod ei precepit angelus Domini cum venit ad eum in habitu pastoris, et precepit ei ut sanctum Pascha die Dominica celebraretur.

53. Lucius... precepit ut duo presbyteri et tres dyaconi in omni loco episcopum non deserant, propter testimonium ecclesiasticum.

54... Dionysius, ejus (Euticiani pape) predecessor, dyoceses et parochias divisit.

55. Hic (Gaius) constituit ut omnes ordines sic ascenderentur. Si quis mereretur ut esset episcopus, primo ostiarius, lector, exorcista, acolitus; secundo subdiaconus, post diaconus, deinde presbyter; ex hinc episcopus ordinaretur.

[1] V. Fabricius, *Codex apocryphus novi testam.* t. II.

57. Passus est et hac persecutione (Galerii) Pamphilus, Cesariensis presbyter, inter precipuos tam moribus quam doctrina precipuus, qui tantam in bibliotheca sua librorum copiam adunaverat, ut cunctos qui eum in hoc labore precesserant, superaret; si quidem in bibliotheca sua prope xxx milia librorum dicitur habuisse. Hujus vitam scribit Eusebius...

58. Is (Melchiades) constituit ut nulla ratione Dominico aut quinta feria jejunium quis de fidelibus ageret, quod eos dies Pagani quasi sacrum jejunium celebrant.

60. Per idem Helena, Constantini mater, femina incomparabili fide, divinitus ammonita, Jherosolymam adit et loco sibi celitus ostenso crucem Domini et clavos Dominicos reperit, et omnibus rite dispositis, partem preciosi ligni, desiderabile munus, filio detulit, partemque thecis argenteis conditam dereliquit, templo ibidem mirifico regia ambicione constructo. Beata igitur Helena, cruce Dominica cum clavis inventa, quibus Dominicum corpus fuerat infixum cum parte ligni salutaris, clavos ipsos portat ad filium, ex quibus illi frenos composuit quibus uteretur ad bellum : et ex aliis galeam belli usibus aptam fertur fecisse.

Saint Ambroise confirme cet emploi des clous du Sauveur : « De uno clavo frænos fieri præce-

pit, de altero diadema intexuit [1]. » Il semble
justifier la destination donnée au premier par
ces paroles du Psalmiste : « Nolite fieri sicut
equus et mulus... in camo et fræno maxillas eorum
constringe [2]. » Grégoire de Tours y voit l'accom-
plissement d'une prophétie : « Non est ignotum
Zachariam vaticinasse prophetam : *erit*, inquit,
quod in os equi ponitur, sanctum Domini [3]. »
Suivant Baillet [4], le clou avec lequel on avait
forgé le frein du cheval de Constantin, est celui
dont on a pu le mieux suivre les traces et l'histoire. On ignore le nombre exact de ces précieux
instruments de la Passion : on pense qu'il n'y
en avait pas moins de trois, et au plus quatre.
« Nihil est, quod pluribus, quam tribus, vel
ad summum quatuor, Christi manus et pedes
confixos esse putemus [5]. » Sainte Hélène en fit jeter
un dans la mer Adriatique, afin d'apaiser les tem-
pêtes. « Quo facto redditur mare quietum, tran-
quillaque deinceps navigantibus flabra præstan-
tur [6]. » Gretser croit que l'impératrice le plongea

[1] S. Ambrosius, *De obitu Theodos.* op. ed. Bened. t. II, p. 1211.

[2] Id. ibid. p. 1212.

[3] Greg. Turon. *De Gloria martyr.* l. I. c. 6.

[4] *Vies des SS.* f. t. IV, fêtes mobiles, p. 254.

[5] Baronius, *Annales eccles.* ann. 326. t. III. p. 399. —
Quaresmius, *Elucidatio terræ sanctæ,* t. II. p. 417.

[6] Greg. Turon. ubi supra. — Corn. Curtii, *De clavis do-
minicis liber,* p. 86.

seulement dans les flots, et l'en retira ensuite
« Forte non tam demersus est in mare, quam
immersus; vix enim credibile fit, Helenam tanto
thesauro et solatio tam se, quam alios penitus
privare voluisse[1]. »

66. Is (Damasus pontifex) constituit ut psalmi
die noctuque cantarentur per omnes ecclesias.

69. Psalterium quod secundum LXX interpretes
in omnibus ecclesiis cantabatur Jeronimus cor-
rexit, quo interim viciato, psalterium novum
composuit quod et a LXX interpretum editione
non multum discordaret et cum ebraico multum
concordaret. Quod ut omnibus clarum fieret,
ipsum psalterium distinxit per asteriscos, id est
stellam, et per obelos, id est virgam jacentem,
demonstrationes ea que sub asterisco continentur
usque ad duo puncta in Hebreo non haberi, et a
LXX intermissa esse : ea vero que continentur sub
obelo usque ad duo puncta, non haberi in Hebreo,
sed a LXX addita esse juxta Theodosionis duntaxat
translacionem. Hoc psalterium Damasus Papa
rogatu Jeronimi, in Gallicanis ecclesiis cantari
instituit, et propter hoc Gallicanum vocatur;
Romanis psalterium secundum LXX interpretes re-
tinentibus sibi, propter quod Romanum vocatur.

[1] Gretser, *De S. Cruce*, l. I. p. 157. — Bolland. *Acta SS.*
aug. t. III. die 18, p. 567.

Hec duo psalteria cum non sufficerent ad pro-
ponenda testimonia de Christo contra Judeos
qui non receperunt nisi ea que habentur in Hebreo; addidit et tercium quod vocatur Hebrai-
cum, pro eo quod rogatu Sophronii, sapientis
viri, transtulit de Hebraica veritate in latinum verbo ad verbum. Quod psalterium et alia
Jeronimi opuscula idem Sophronius de Latino
in Grecum transtulit. Damasus Papa instituit
rogatu Jeronimi dicere in ecclesia in fine psalmorum *Gloria Patri*, etc. Instituit et psalmos
in ecclesia nocte dieque cantari. Ut autem chori
in duas partes divisi ipsos psalmos alternatim
cantarent... instituerunt primi Flavianus et Dyo-
dorus, viri probate vite et doctrine, quod inde
ad tocius orbis terminos usque pervenit.

71. Sancta synodus universalis CL patrum
jubente Theodosio et annuente Damaso papa
Constantinopolim congregatur, que Macedonium
negantem Spiritum sanctum esse Deum con-
dempnans, consubstantialem Patri et Filio Spiritum sanctum esse docuit, dans simboli formam
quam tota Latinorum et Grecorum confessio in
ecclesia ad missas solempnibus diebus decantat.

Ibid. Ambrosius episcopus ritum antiphonas
in ecclesia canendi primus ad Latinos transtulit
a Grecis, apud quos hic ritus jamdudum inole-
verat ex instituto Ignacii, antiocheni episcopi,

et apostolorum discipulo, qui per visionem in celum raptus vidit et audivit quomodo angeli per antiphonarum reciprocationem ymnos sancte Trinitati canebant. Hinc et beatus Ambrosius, post Hylarium Pictaviensem, ymnos in ecclesia canendos primus composuit.

72. Corpora Abacuch et Miches prophetarum revelebantur.

73. Archadius imperator ossa Samuelis prophete a Judea Constantinopolim transtulit, tam hilariter occurrentibus populis ac si eum viventem cernerent.

74. ...Martirizantur Florentinus et Hylarius, Desiderius Lingonensis et Antidius Vasentianus (Vesontinus) episcopus. De hoc Antidio legitur quod aliquando tercia feria post palmas, transiens pontem Dubii fluminis, vidit agmen demonum gesta principi suo referencium; et inter eos Ethiopem in manu sandalium preferentem ad indicium quod Romanum presulem, cujus hoc erat, per vii annos impugnans, tandem ad lapsum traxit. Qui vocans ad se Ethiopem et in virtute Dei et sancte crucis super eum ascendens, v. feria, hora celebrandi officii et demone pre foribus exspectante, pape retulit, negantemque per sandalium ad penitenciam movit. Et missa vice ejus celebrata, et parte crismatis a se consecrata assumpta, demone revertente, ad ecclesiam suam rediit

sabbato sancto hora celebrandi officii. — On dit que le démon qui portait le saint, lui adressa ces vers rétrogrades si connus :

> Signa te signa, temere me tangis et angis,
> Roma tibi subito motibus ibit amor [1].

75. Anno Honorii vii°. corpora sanctorum prothomartiris Stephani, Nichodemi, Gamalielis atque Abidon Luciano presbytero revelata sunt.

77. Anno Theodosii xxiiii°. apud Ephesum vii fratres Dormientes, qui a Decio imperatore pro Christo tormentati in spelunca se clauserant et facta oratione ibi obdormierant, post annos sue dormicionis circiter c et xcii, spelunce hostio quod imperator Decius obstruxerat, patefacto, divinitus a sompno surgunt, et asserta fide nostre resurrectionis coram Theodosio imperatore, quam quidem tunc heretici contradicere nitebantur, iterum in Christo obdormierunt.

Cette légende a fourni le sujet d'un ouvrage intitulé: *Sanctorum septem Dormientium historia, ex ectypis musei Victorii expressa* [2]. Dans ce volume sont reproduits des monuments ayant rapport aux sept Dormants.

L'Allemagne et les Gaules ont des traditions relatives à des souvenirs analogues.

[1] Chiffletii *Vesont.* p. 11, p. 85. — Bolland. *Acta SS.* jun. t. V, die 25, p. 45.

[2] Romæ. 1741, in-4°, fig.

Grégoire de Tours, dans une lettre à Sulpice, archevêque de Bourges [1], dit que les sept Dormants étaient parents de saint Martin de Tours. Après un pèlerinage à Jérusalem, ils embrassèrent la vie monastique : le saint évêque les établit « in latere cavati montis in quodam specu. » Ils lui survécurent plusieurs années; et il leur annonça, par une vision, que leur fin était proche. Alors les sept frères reçurent le viatique, puis entrèrent dans la vie éternelle, conservant l'apparence d'hommes endormis. Les Bollandistes [2] les placent au 27 juillet [3].

79. Quedam nobiles ab Hunis captivate crudas carnes sibi inter mammas ligaverunt, quarum fetorem barbari non ferentes, dixerunt omnes Lombardas fetidas esse, et sic puelle nobiles eorum luxuriam evaserunt.

Ibid. Beatus Lupus, ejusdem urbis (Trecassine) episcopus, supremum fastigium alcioris porte conscendens, Atilam ad colloquium mandat, qui

[1] Gregor. Turon. op. ed. Ruinart. p. 1270-1282.

[2] *Acta SS.* jul. t. VI, p. 375 et seqq.

[3] Reineccius a fait une dissertation sur les sept Dormants : *Disputatio de septem Dormientibus*. Lips. 1702. in-4°. *Biogr. univ.* v. Reineccius. — Il y a aussi sur cette matière un ouvrage de Luzon de Millares, avec ce titre : *Septem Dormientes, sive vera et tractabilis mortuorum resurrectio*. Brux. 1666. in-4.

gaudens accurrit, credens episcopum cum populo spontanee sibi subici. At episcopus Atilam
intuens, quis esset inquisivit. Ille respondit : ego
sum Atila flagellum Dei. Episcopus respondit :
ego sum Lupus dissipator gregis Domini et di-
gnus flagello Dei. Nunc igitur ingredere civitatem, et officii tibi injuncti quantum Deus per-
miserit curam exerce. Tunc episcopo precipiente,
porte civitatis sunt reserate. Ille autem cum suo
exercitu ingrediens neminem , quod mirabile
est dictu, vidit; et sic precibus et humilitate beati
Lupi civitate liberata , tyrannus inefficax rediit.

80. *Eo tempore undecim milia virginum ab
Hunis Colonie sunt cesa.* — Quelques écrivains ec-
clésiastiques prétendent que ce nombre des onze
mille vierges, compagnes de sainte Ursule, a son
origine dans le nom de l'une d'elles appelée
Undecimilla. Des hagiographes les portent à
onze, d'autres à mille, d'autres enfin à onze
mille. Ce dernier calcul est le plus généralement
adopté. Une abbaye « est située dans le lieu
même où l'on a fait mourir sainte Ursule et ses
compagnes. C'est pourquoi elle est en possession
de ce grand trésor, qui sert d'ornement et de ta-
pisserie à l'église, car leurs ossemens y sont rangez
depuis le haut jusqu'en bas [1]. » A moins d'avoir
vu les catacombes de Paris, on ne peut se faire

---

[1] *Voy. Littér. de deux bénédictins,* p. III. p. 265

une idée de la multitude de ces reliques appliquées contre les murailles, étiquetées sur les rayons et disposées dans les sarcophages [1].

Ibid. Mulfeus Massiliensis ecclesie presbyter claret, qui ortatu sancti Venerii episcopi excerpsit de divinis scripturis lectiones tocius anni festivis diebus aptas, responsoria et psalmorum capitula tempori et lectionibus congruentia.

Ibid. Anno imperii Leonis vii°. Heliseus propheta, qui multo tempore in Samaria ubi sepultus est, multis claruerat miraculis, Alexandriam transfertur..... Eudoxia Augusti Theodosii junioris filia, Valentiniani uxor, Jerosolymam ex voto properavit, et inde reliquias prothomartiris et duas cathenas quas angelus de manu Petri apostoli disjecit Dei nutu, attulit, eisque adjuncta cathena qua et Rome Petrus vinctus fuit; et ideo concilio Romani pontificis solempnitatem sancti Petri qui dicitur ad vincula Rome fieri kal. Augusti, ideo maxime ut revocaret a gentili superstitionis pompa que adhuc sollempnizabat in hac die civitas ex ritu gentili pro victoria Octaviani Augusti de Antonio et Cleopatra collata in kal. Augusti.

[1] M. Didron. *Univers.* 27, x^bre. 1840. — V. Crombach. *Vita et mart. SS. Ursulæ et sociarum undecim millium Virg.* Colon. 1647. f. — A. Miræus. *De SS. Virginibus coloniensibus disquisitio.* Antuerp. 1608. in-4°.

82. Hoc tempore facta est inventio sancti Michaelis Archangeli in monte Gargano.

84. Per idem tempus floruit Theudechildis, Clodovei regis filia, virginitate pariter et pietate famosa. Hec in conspectu Senonis cenobium sub honore apostolorum construxit, multis illud edificiis amplians, et prediis locupletans. Quo peracto ad dedicandam basilicam cum sancto Eradio, tunc Senonis presule, vicinarum quoque urbium presules affuere. Ubi dum cuncti pernoctarent, angelicas audiere voces dulcissime concrepantes. Facto mane, accedentes ad altare, vident in iiii^{or} angulis medioque marmoris signacula crucis decenter impressa : stupentes proinde non ausi sunt ulterius consecrare locum, quem cernebant celitus consecratum. — Un miracle semblable se rattache à l'histoire de la consécration de l'église de Saint-Denis : « pourquoy Dagobert défendit aux évesques de plus penser à autre dédicace [1]. »

86. Tempore Justiniani ypapanti [2] Domini statutum est, et mortalitas cessavit.

87. Hoc tempore tanta fames facta est in par-

---

[1] Doublet, *Antiquitez de l'abbaye de Saint-Denys*, l. I. c. 22.

[2] Ypapanti, Hypapanti, *barbare*, *ex Græco* ὑπαπαντή, *qua appellatione donatur festum purificationis B. Mariæ, ab occursu seu obviatione tunc facta a sene Simeone et Anna vidua : unde et festum S. Simeonis appellari in codice Remensi libri sacrament. Gregorii Magni monet Menardus.* — Du Cange, *Gloss.* — Macri *Hierolexicon.*

tibus Ligurie ut mulieres filios suos comederent.

88. Hoc tempore in Gallia mons super Rodanum multis diebus dans mugitum, tandem ab
alio monte sibi vicino discussus cum ecclesiis
et domibus et hominibus et bestiis in Rodanum
precipitatus est.

90. Anno Domini DLXXVII°. Tyberius imperat
annis VII. Hic vir justus ac strenuus et liberalis
fuit in pauperes. Quibus tanta de thesauro palacii erogabat, ut eum et Augusta increparet,
quasi qui rem publicam dissiparet. Cui ille re-
spondebat : Confido in Domino quia fisco nostro
pecunia non deerit si de hiis que nobis Dominus
tribuit, elemosinas largiendo thesauros congre-
gemus in celo. Et quia munificentissimus in
pauperes extitit, ejus munificentiam Deus remu-
neravit; etenim dum quadam die per palacium
deambularet, vidit in pavimento signum crucis
sculptum in marmore jacens sub pedibus ince-
dentium. Tunc ait : Crucem Domini in frontem
nostram sive pectus munire debemus, et non
eam sub pedibus calcare; jussit itaque auferri
tabulam illam marmoream in qua crucem sculp-
tam vidit. Quo facto, simile signum subtus apparuit sculptum in alio lapide inferius subjacente,
quem propter reverenciam signi jussit protinus
amoveri. Quo amoto, apparuit et tercius lapis
in se representans similem formam crucis. De

qua re imperator admirans, jussit et ipsum tercium lapidem avelli; sub quo tam immensus thesaurus inventus est ut non facile possit ulla diviciarum copia appreciari. Piissimus imperator ex hoc fortunio habundantissime egentibus ministravit et multorum milium inopiam benignissime sublevavit.

92. Anno Mauricii ix°. tanta facta est pluviarum inundatio ut omnes dicerent quod aque diluvii inundarent; et tanta clades fuit ut nullus tantam a seculo fuisse meminerit; tanta et inundatione Tyberis fluvius alveum suum egressus est, tantumque excrevit ut ejus unda super muros urbis influeret atque in ea maximam partem regionis occuparet, unde et horrea Ecclesie subversa sunt. Magnus et draco in modum valide trabis, cum innumerabili serpentum multitudine, per Tyberim in mare descendit, a quibus suffocate bestie maris et ad littus projecte, putredine aerem corruperunt. Inde et hominum mortalitas maxima subsecuta est, que primum percussit papam Pelagium ac tantam populi stragem fecit, ut passim subtractis habitatoribus, domus in urbe plurime vacue remanerent.

93. Hic (Gregorius Magnus) inter multa que utilia Ecclesie fecit et instituit, Antiphonarium regulariter centonavit et utiliter compilavit; *Kyrie eleison* a clero ad missas cantari precepit;

Alleluia ad missas extra septuagesimam dici fecit.

94. Anno Mauricii xi°. tunica Jhesu-Christi inconsutilis in civitatem Zaphath, non longe ab Jherosolyma, confessione Simonis Judei inventa, et ab ipsis Gregorio Antiocheno et Thoma Jherosolymitano et Johanne Constantinopolitano cum aliis multis presulibus levata cum archa marmorea tam levi facta ac si de ligno fuisset, ordine pedestri Jherosolymis perducta cum devotione et in loco ubi crux Domini adorabatur cum triumpho est posita.

On trouve au même f° une légende trop singulière pour que nous ne nous y arrêtions pas.

Un jour, le pieux roi Gontran est pris en route d'une grande envie de dormir; il descend au bord d'un ruisseau, et s'endort sur le sein d'un de ses familiers. Pendant son sommeil, un petit animal, ayant la forme d'une belette, sort de sa bouche, et veut inutilement traverser l'eau. L'ami du roi lui fait un pont avec son épée. L'animal revient après quelques instants, puis rentre dans le corps du prince. Celui-ci, à son réveil, raconte un rêve qu'il a eu. Il éprouvait de l'embarras au sujet d'un fleuve, mais enfin il l'a passé sur un pont de fer; au delà il a trouvé un trésor dans le flanc d'une montagne. Le familier rapporte, à son tour, ce qu'il a vu. On franchit le ruisseau, on fouille dans la montagne, et l'on y découvre un trésor immense dont on enrichit les pauvres.

Le songe de Gontran a été représenté sur un monument en pierre, que J.-J. Chifflet[1] a reproduit en gravure, et dont Du Tilliot[2] a laissé un dessin. Ces deux auteurs empruntent à Aimoin (lib. III, c. 3) le récit de l'aventure merveilleuse du roi bourguignon. Suivant Chifflet, le monument sur lequel elle était retracée, aurait existé en Franche-Comté, et il n'aurait été autre chose que le tombeau du comte Werner, celui des officiers mis en scène dans la légende. « Sepultus vero fuit (Warnarius Burgundici palatii comes) in choro ecclesiæ dicti monasterii (Palmensis) quod restituerat : et extat insigne ejus lapideum monumentum; circa quod insculptum Guntranni regis somnium hic tibi utcunque reddimus. » On lit dans Paradin[3] le même récit raconté avec beaucoup de naïveté, mais avec quelque différence dans les détails. Il termine ainsi : « .... Aucuns sages et doctes hommes de sa maison, furent d'avis que le roy devoit faire chaver et fouïr au creux, où l'escuyer avoit veu entrer le bestion. Ce qu'il fit, de sorte que, après avoir ouvert une grande tranchée, en la montagne, l'on

[1] *Vesontio civitas imperialis,* p. ii, p. 64.

[2] *Miscellanea Erudit. antiquit.* t. IV. Biblioth. de l'Arsenal. ms. fr. antiq. nº 811. A et B. fº.

[3] *Annales de Bourgogne,* l. 1, p. 68.

trouva un thrésor inestimable. Mais partant qu'il luy avoit esté comme divinement révélé, il n'en voulut appliquer aucune chose à son profit : ains le départit entièrement en saints usages, et causes pies, le donnant aux poures, et aux restaurations et dotation des saints lieux. Entre autres choses en fit faire la chasse de saint Marcel lez Chalon, et une infinité d'autres joyaux. Le lieu où ceste vision advint, se nomme encores aujourd'huy Monthrésor. »

95. Pro qua re (Symoniæ incremento) beatus Gregorius Brunichildi regine inter alia scribit, dicens : Sacerdotale officium in tanta illic, sicut dicimus, ambicione perductum est ut sacerdotes subito (grave quod nimis est) ex laicis ordinentur : sed quid isti acturi, quid populo prestaturi sunt, qui non ad utilitatem, sed fieri ad honorem episcopi concupiscunt?

97. Hoc tempore quidam pauper, cum a nautis elemosinam peteret, nec acciperet, dicente nauclero : Desiste elemosinam petere a nobis qui nichil hic preter lapides habemus, et subjecisset pauper : Omnia ergo vertantur in lapides, quicquid manducabile in navi erat in lapides conversum est, colore et forma rerum eadem permanente.

98. Anno Domini DC°. X°. Bonefacius presidet annis VI. Hic impetravit a Foca Cesare donari

sibi templum Rome quod Ana panteon vocabant; vertens illud in ecclesiam beate Marie et sanctorum martyrum. Et in kal. novembris instituit solempnitatem omnium sanctorum.

Au même folio : Mention d'une femme qui obtient une relique de saint Jean-Baptiste, en priant trois ans et en jeûnant sept jours.

99. Eraclius anno imperii sui xix°. Perside debellata rediens cum gloria, Zachariam patriarcham cum captivorum populo Jherusalem reducit; et sanctam crucem Domini deportans cum regio scemate ornatus, portam vellet intrare, per quam Christus Jhesus ad crucem subeundam exivit, porta divinitus est clausa, eique rursum ad monitum angeli humiliato porta ultro aperta est; et ita cruce relata, celebritatem exaltationis ejus annuatim dedicavit.

100. Antisiodorensem ecclesiam post Desiderium rexit Palladius, primus abbas monasterii Sancti Germani, qui fecit monasterium sancti Juliani martiris, ubi edificavit basilicam altam quam in honorem sancte Dei genitricis Marie dedicavit : quod monasterium virginum esse constituit, quod ante ipsum infra muros civitatis parvo ambitu constructum, virorum fuisse certissimum est.

101. Eraclius cum esset astronomus, vidit in astris regnum suum a circumcisa gente vastan-

dum esse, quare mandavit Dagoberto regi Francorum ut omnes Judeos in regno suo preciperet baptizari, quod et impletum est.

Ibid. Sarracenis Syriam infestantibus, Eraclius crucem Domini ab Jherusalem Constantinopolim transtulit. Hujus crucis partem majorem anno Domini M°. cc°.x.lvii". Parisius translatam affirmant plures.

102. Hiis diebus Dagobertus, rex Francorum, moritur : de quo per visionem Dei revelatum est quod anima ejus ad judicium Dei rapta sit, et multis sanctis contra eum propter expoliationem suarum ecclesiarum reclamantibus, cum eam jam diaboli vellent ad penas inferni rapere, interventu sancti Dyonisii Parisiensis, cui maxime devotus fuerat, a penis liberata est. — Cette légende de Dagobert est sculptée sur son tombeau.

103. Miracles du saint irlandais Furseus. Résurrection de deux enfants morts, amenés par la mer au rivage, etc.

105. Anno Constantini xv°. Atrebatis dum corpus sancti Vedasti transfertur ab Auberto Cameracensi episcopo, presentibus Lamberto Leodiensi episcopo et Andemaro Tornacensi episcopo, aliisque sanctis episcopis et abbatibus, Andomarus qui pre senio cecus erat, dum presentium episcoporum et meritis sancti Vedasti illuminatus esset, egre ferens se liberatum a ce-

citate quam pro salute sua sibi a Deo immissam esse gaudebat, rursus ad votum suum excecatus est.

Ibid. Baptildis regina, uxor Clodovei, duo condidit monasteria Corbeiam et Kalam : quorum Kalam plurimis auxit donariis et sanctorum reliquiis ubertim ditavit, et ipsa sepulta ibidem requiescit.

106. Anno Constantini iiii". corpus sanctissimi Benedicti translatum est a monte Cassino ad Floriacense cenobium, in Aurelianensi territorio situm.

107. Ab hujus beatissimi (Sergii pontificis) tempore, consequentia missam celebrandi jam ad integrum composita est ab apostolis et apostolicis viris.

109. Anno Domini dccix°. sub hoc pontifice (Constantino), Coherec et Opha, reges Anglorum, Romam veniunt, ibique in monachos attonsi, regi regum militaverunt.

Ibid. Hoc tempore, Hildeberto monarchiam regni Francorum tenente, angelus Michael apparens Auberto, Abritacensi episcopo, monuit semel et iterum ut in loco maris qui propter eminenciam sui Cumba vocatur, fundaret ecclesiam in memoriam sui volentis talem venerationem exhiberi sibi in Pelago qualis exhibetur in monte Gargano.

110. Hujus pape (Gregorii) tempore, quidam

Petronax ,... divino amore compunctus, Romam venit, indeque hortatu pape memorati Gregorii, montem Cassinum expetiit, ibique cum aliquibus simplicibus habitavit, postque, suffragantibus sibi meritis sanctissimi Benedicti, evolutis tum ferme c. et v. annis ex quo locus ille a Longobardis desolatus, hominum habitatione carebat, multorum monachorum ad se ibidem concurrentium pater efficitur.

112. Translation des reliques de saint Augustin, apportées autrefois d'Hippone en Sardaigne. Les Sarrasins les ayant profanées, le roi des Lombards les fait racheter à prix d'or, va les recevoir, et les conduit à Pavie : mais tout à coup il devient impossible de soulever le précieux fardeau. Alors le prince promet de fonder un monastère, « si beatus confessor ex loco illo se tolli permitteret, et transduci Papiam. » Le vœu obtient un plein succès.

114. Per idem tempus sanctus Bonefacius, archiepiscopus Magentie, cenobium Fuldense fundavit in sylva Bocconia, quod quidem in partibus Germanie ceteris extat preclarius. Hujus cenobii abbas magni honoris habetur in curia imperatoris Austrasiorum, qui mille milites imperatori debet.

116. Is (Paulus pontifex) corpus sancte Petronille, Petri apostoli filie, transposuit, in cujus

marmoreo sarchophago ipsius apostoli Petri
manu sculptum legebatur : Auree Petronille, di-
lectissime filie.

118. Karolus Magnus fuit filius Berte, filie
Eraclii Cesaris, unde in ipso genus Grecorum,
Romanorum, Francorum et Germanorum con-
currit.

121. Leo imperator cum insaniret cupiditate
circa preciosos lapides, adamavit magnam ecclesie coronam, et accipiens portavit eam, et
exierunt carbunculi in capite ejus, et captus
a febre mortuus est.

123. Carolus autem ad preces imperatoris
Constantinopol. Jherosolymam a Sarracenis libe-
rat. Unum de clavis Domini dono recepit, et
flores de corona spinea miraculose exortos subito, et sudarium Domini, et camisiam beate
Marie, et fasciam qua puerum Jhesum cinxit, et
frustum crucis, et brachium sancti Symeonis :
ad quarum reliquiarum tactum multi sanati sunt.
Hec scribit Helimannus [1].

Le roman du voyage de Charlemagne dans la
terre sainte, *où il n'alla jamais* [2], a été fabriqué

---

[1] (Helimannus). Le P. Tissier a inséré dans le tome VII de
sa *Bibliotheca PP. Cisters.* la dernière partie de la chronique
d'Hélinand. Le voyage de Charlemagne s'y trouve, ann. 802,
p. 103.

[2] D. Bouquet, *Recueil des hist. de Fr.* t. V, p. 216.

dans le cours du x1ᵉ siècle par un moine de
Saint-Denis, dont le but était d'accréditer de
prétendues reliques que Charles le Chauve avait
transportées d'Aix-la-Chapelle à cette abbaye [1].
Il est raconté avec détails par les chroniques de
Saint-Denis [2], par Albéric des Trois-Fontaines [3],
et par Doublet [4]. Nous l'avons retrouvé aussi,
avec la même énumération de reliques, dans une
chronique du xivᵉ siècle [5]. Le Cointe a réfuté
cette fable du voyage d'outre-mer [6] : elle a fourni
à M. de Foncemagne le sujet d'un savant mé-
moire [7].

Turpinus [8] autem scribit quod, Karolo quies-

---

[1] *Examen critiq. de trois hist. fabul. dont Charlemagne est
le sujet*, par l'abbé Le Beuf. *Mém. de l'Acad. des Inscript.*
t. XXI, p. 137.

[2] Ap. D. Bouquet, *Recueil des histor. de Fr.* t. V, p. 272.
— Et dans l'éd. des *Chroniques de Saint-Denis,* publiée par
M. P. Paris. in-8ᵒ, t. II, p. 181.

[3] Chronicon Alberici monachi Trium Fontium, in Leib-
nitii *Accession. Hist.* t. II, ann. 802, p. 133.

[4] *Antiquitez de l'abbaye de Saint-Denys,* l. IV, c. 3.

[5] *Chron. pour servir à l'hist. de Fr. en langue vulgaire de
Valenciennes.* Biblioth. de l'Arsenal. ms. fr. H. f. nᵒ 148.

[6] *Annales eccles. Franc.* t. VI, ann. 800, p. 727.

[7] Examen de la tradition hist. touchant le voyage de Charlemagne à Jérusalem. *Mém. de l'Acad. des Inscript.* t. XXI,
p. 149.

[8] Le texte latin de la chronique de l'archevêque Turpin

cente, apparuit tribus vicibus beatus Jacobus [1],
dicens quod expediret iter usque ad sepulchrum
suum propter dominium Sarracenorum, et eum
Dominus juvaret precibus suis, et omnes qui
illuc usque ad finem mundi confluerent, exau-
diret..... Turpin, après avoir raconté l'aventure
de Roncevaux, poursuit en ces termes : Eodem
die dum ego Turpinus missam celebrarem pro
mortuis, coram rege, in extasi raptus, audivi
choros in celo cantantes, quos sequebatur turba
demonum cum clamore, quibus aio : Quid fertis?
Marsirium regem, inquiunt, cum suis portamus
in infernum; tubicinem vero virum cum multis
Michael in celum portat.

Au f⁰ 125, commence un pompeux éloge de
Charlemagne, dans lequel, parmi d'autres détails, on lit (f⁰ 126) ce qui suit : Denique fertur
ad numerum elementorum cenobia plura fun-

a été publié par Schard, *Germanic. Rerum quatuor vetu-
stiores chronographi.* Francof. 1556, f.; par Reuber, *Veter.
script. Germanic.* Francof. 1584, f.; par M. Ciampi. Florence,
1822, in-8°. *Biogr. univ.* v. Turpin. — Le Beuf. l. c. *Mém.
de l'Acad. des Inscript.* t. XXI, p. 141.

[1] Charles V, lorsqu'il reçut à Paris la visite de l'empereur
Charles IV, lui donna deux flacons d'or « où estoit figuré en
ymages eslevez comment s' Jacques monstroit à s' Charles-
maine le chemin en Espaigne par révélacion. » Christine de
Pisan, *Hist. de Charles V.* ap. Le Beuf, *Dissert. sur l'hist. de
Paris,* t. III, p. 324.

dasse, et in unoquoque propriam litteram ex auro fabricatam reliquisse ad fundationis tempus dinoscendum.

126. Cum Aaron quoque rege Persarum qui totum pene orientem tenebat, excepta India, talem habuit in amicicia concordiam, ut is gratiam ejus omnium regum qui in toto orbe terrarum erant ac principum amicicie preponeret, ac illum solum honore et magnificencia sibi colendum judicaret.

Ibid. Karolus vero misit nuncios per universum mundum ad indagandum nomina et actus et obitus sanctorum, que per Ysuardum monachum in unum volumen fecit compilari.

127. Hic (Theodulphus, abbas sancti Benedicti Floriacensis), in carcere positus fecit *Gloria, Laus*, etc.; et audiente Ludovico Karoli filio et transeunte cum processione in Ramispalmarum, cecinit cum suavi modulatione devotus, qua de causa predictus Ludovicus motus jussit eum de carcere erui.

Ibid. Hec sunt nomina archiepiscopalium civitatum sub Karolo : Roma, Ravenna, Mediolanum, Forum Julii, que et Aquileia, Gradus, Colonia, Maguncia, Brema, Juvanum, que et Salzebuir, Trevis, Senonis, Vesuncio, Lugdunum, Vienna, Rothomagus, Remis, Arelas, Dirantasia,

Ebridunum , Burdegala , Turonis , Byturicas ,
Narbona, Aquis, et Auxis [1].

128. Die autem qua obiit, Turpinus apud
Viennam orans, vidit catervam demonum ad
ejus transitum accurrentium, et adjurans eos
per Christum, audivit quod mortuus erat rex
Carolus. Sed ille Galerianus sine capite tot posue-
rat ligna et lapides ecclesiarum suarum in statera
quod preponderaverat mala, et sic liberaverat
eum. — Cette vision de Turpin rappelle un peu
celle de Wetin, qui vit Charles souffrir dans le
purgatoire, parce que « bona facta libidine turpi
fœdavit [2] : »

En général, ce qui concerne Charlemagne est
intéressant. A la fin (f° 128. v°) on trouve la des-
cription de ses funérailles et de son tombeau à
Aix-la-Chapelle. « ... Corpus imperatoris defuncti
vestibus imperialibus et festivis induentes, auream coronam capiti imposuerunt. Deinde super
auream cathedram, vivum quasi et judicem,
fecerunt sedere ; et super genua ejus textum
IIII[or] euvangelistarum aureis litteris scriptum
collocaverunt. Quem textum manu dextra, sinis-
tra vero ceptrum aureum tenebat. Cathenulam
auream etiam dyademati conjungentes cathedre

[1] V. Chronic. Centul. ap. d'Achery, *Spicileg.* ed. 4°. t. IV,
p. 474. — Éd. f. t. II, p. 3o8.

[2] D. Bouquet, *Recueil des hist. de Fr.* t. V, p. 399.

super quam sedebat, ne caput defuncti deci-
deret, affigentes, scutum quoque aureum quod
Romani ei fecerunt ante faciem ejus statuentes,
archum lapideum in quo sepultus erat aroma-
tibus preciosis replentes, monumentum strenue
sigillantes clauserunt. Obiit autem anno Domini
DCCCXIIII°. » — Le moine d'Angoulème [1] ajoute,
entre autres choses : « in diademate lignum
sanctæ crucis positum est. »

129. Legati Michaelis, imperatoris Constanti-
nopolitani, inter cetera munera detulerunt Ludovico imperatori libros Dyonisii Areopagite, ab
eo conscriptos de ierarchia, id est sacro princi-
patu, petente ipso Ludovico eos de Greco in
Latinum translaturos.

130. Anno imperatoris Ludovici XI°. Hilduinus
abbas sancti Dyonisii, sacri palacii archicapella-
nus, Romam mittens, a papa Eugenio sancti Sebastiani Martiris reliquias accepit et Suessionis
in Basilica sancti Medardi collocavit.....

Ibid. Hic (Gregorius IV), cum assensu Ludovici
imperatoris et omnium episcoporum, instituit
ut totius Gallie et Germanie partibus celebraretur
festivitas omnium sanctorum kal. novembris,
quam Romani ex institutione Bonefacii pape ce-
lebrabant.

[1] Ex vita Caroli per Monachum Engol. ap. D. Bouquet.
I. c. p. 186.

131. Hoc tempore, Viti martiris ossa a Parisius ad Corbeniam Saxonie transferuntur a Francia. Unde ipsi testati sunt quod ab illo tempore gloria Francorum ad Saxones sit translata.

132. Anno Lothari IX°. sancta Helena, Constantini mater, Rome in ecclesia SS. Marcellini et Petri sepulta, ad Franciam a Theogiso monacho transfertur, et in dyocesi Remensi, magna Francorum veneratione excolitur.

134. Johannes papa dedit Ansegiso venerabili archiepiscopo Senonensi, caput beatissimi Gregorii, et brachium sancti Leonis, pape et doctoris, quas ille venerandas reliquias Senonis detulit, et in ecclesia sancti Petri vivi cum debita veneratione deposuit.

135. Karolus imperator in diversis locis per Franciam sanctorum ecclesias aut edificavit, aut restauravit. Apud Compendium, quam Karropolim ex nomine suo appellavit, quod ibi civitatem magnam facere disposuerat, ecclesiam sanctorum Cornelii et Cipriani construxit, et in palacio suo sancte Dei genitricis in eodem loco, quam preciosissimis adornavit reliquiis, scilicet, de corona spinea Domini, de sindone et sudario et spongia. Reliquias et Cornelii et Cipriani ibidem posuit. In quorum adventu composuit responsorium quod cantat Ecclesia : *Cives Apostolorum*, etc. Apud Karrofium in Aquitania edificavit

monasterium in quo posuit Domini prepucium [1].

138. Hoc tempore claruit in Burgundia Berno, ex comite abbas Gigniacensis cenobii a se fundati, qui et ex dono Anne comitisse construxit Cluniacum cenobium in cellam Gigniacensem.

140. Per idem tempus, in Bituria, in castro Dolensi, fundatum est cenobium nobile, quod Dolense vocatur, ab Ebbone, viro illustri, Domino predicti castri.

Hic devotus vir post paululum a Britannia plures monachos fugientes cum multis sanctorum reliquiis religiose suscepit, qui Normannorum rabiem, mortis metu evaserant. Hii corpus beati Gildasii abbatis ad Dolense cenobium detulerunt, cui Dei electo isdem Ebbo proprium cenobium juxta castellum suum ex alia aque parte construxit, ubi illius venerabile corpus cum multorum sanctorum reliquiis honorabiliter conditum requiescit.

141. Hoc tempore, clarebat inter nobiles Lotharingie, sanctus Gubertus, qui Geniblacense cenobium fundavit : qui diviciis, nobilitate et potencia clarus, cingulum mundane milicie deponens, cingulo sancte religionis in monastico habitu se accinxit.

---

[1] V. Rocca, *Thesaurus pontific. sacrarumque antiquit. ac carem.* t. 1, p. 247.

145. In gestis sanctorum Richarii et Gualerici legimus, quod corpora eorum translata sunt a suis ecclesiis in Flandriam et reposita in ecclesia Beati Bertini. Causam translationis obscuram scriptam inveni: sed constat quod timore Normannorum et Danorum utpote in tuciori loco reposita sunt ibi; castrum enim sancti Adomari, in quo consistit ecclesia sancti Bertini, illo tempore erat nobile et contra hostes satis munitum. Cum autem tempore Karoli regis Simplicis, Normanni essent conversi ad fidem Christi, corpora sanctorum que timore eorum translata fuerant in loco munitissimo, reportata sunt a suis in suis ecclesiis, scilicet in ecclesia S. Bertini apud castrum sancti Adomari. Cum autem monachi S. Richarii et S. Gualerici corpora sanctorum repeterent, monachi sancti Bertini illa per violenciam Arnulphi comitis detinebant. Tunc sanctus Gualericus apparuit Hugoni Parisiensi comiti in sompnis, et dixit ei: Vade ad Arnulphum, comitem Flandrensem, et dic ei ut remittat corpora nostra que sunt in ecclesia sancti Bertini in nostris ecclesiis, magis enim diligimus loca nostra quam aliena.

146. Per hos dies erat Remis archiepiscopus quidam vir bonus, Arnulphus nomine, filius Lotharii regis Francorum ex concubina natus, quem Hugo rex deponi fecit, totius ibi Francie

synodo congregata, dicens non esse justum ut archiepiscopus fieret qui ex legitimo conjugio genitus non fuisset.....

147. Hic rex (Robertus) mansuetus fuil et bene litteratus et amator religionis et ecclesiarum. Namque precipuis solempnitatibus ad sanctum Dyonisium veniebat; in choro cum monachis stabat et psallebat ad vesperas et ad matutinas et ad missam... Constancia regina... dixit ei quadam die per jocum ut faceret de ipsa aliquem cantum. Rex autem libenter annuit et scripsit responsorium *O constancia martirum*, in honorem sancti Dyonisii et ceterorum martirum.

148. Per idem tempus florebat Fulbertus, primo cancellarius Roberti regis et ex cancellario episcopus Carnotensis... Fecit *Chorus nove Jherusalem*, *Stirps Jesse*, *Solem Justicie*, et plura hujusmodi...

Ibid. Rome Silvester papa, qui et Girbertus, lacrimabiliter finivit vitam. Hic, ut jam dictum est, Floriacensis cenobii monachus fuit. Sed quia nimis cupidus honoris et glorie temporalis erat, fertur adeo deceptus ut ipsi diabolo etiam faceret homagium, quatinus per ejus potestatem cuncta sibi pervenirent ad libitum. Loquebatur etenim cum eo hostis ipse, et ille obsequiis ejus non verebatur insistere : hujus pessimo federe inito, explevit ei pro voto que poscebat. Primo

itaque Remensis archiepiscopus, secundo Raven-
nensis archipresul, postremo urbis Rome papa
effectus est. Inter hec, interrogans hostem de
fine suo, responsum ab eo accepit quod moritu-
rus non esset donec in Jherusalem divina cele-
brasset. Quod cecus papa audiens gavisus est,
reputans apud se, tam se longe esse a fine suo,
quam se longe ab hujus peregrinationis voto
senciebat : sed proxima mediante xl.ª, ex more
pape missam celebravit in palacio Constantini, in
capella que dicitur Jherusalem, et subito intra
sacra ministeria sibi adesse senciens mortem,
suspiravit et ingemuit; et licet nequissimus, et
sceleratissimus, seram non credens in hac vita
penitenciam, speravit et promeruit veniam, pre-
cepitque ut darent se particulatim detruncari,
ut temporali supplicio extingueret dolores inferni
eternos. Factum est ut imperavit, et Deus, ut
promisit penitenti veraciter, veniam non negavit.

150. Anno Henrici imperatoris viiⁱ. terra Jhe-
rosolymorum permittente Deo ab immundis
Turcis invasa est et Jherusalem capta, et Christi
Jhesu Domini nostri gloriosum sepulchrum ab
eis possessum est... In multis locis per orbem,
tali rumore audito, timor et meror corda pluri-
morum occupavit, et suspicati suntmulti finem
seculi affuisse.

Ibid. Claruit hoc tempore in Italia Guido Aretinus [1], multi inter musicos nominis, in hoc etiam phylosophis preferendus, quod ignotos cantus et pueri discunt per ejus regulam facilius, quam per vocem magistri aut per usum alicujus instrumenti, dum sex litteris vel sillabis modulatim appositis ad sex voces quas solas regulariter musica recipit, hiisque vocibus per flexuras digitorum leve manus distractis; per integrum dyapason se oculis et auribus ingerunt intense et remisse elevationis vel depositionis earumdem vocum [2].

A la marge du manuscrit est dessinée une petite main [3], à droite de laquelle on lit les notes :

fa. mi.

ut. re.

sol. la. ainsi placées.

On sait que Gui d'Arezzo tira sa gamme de la

---

[1] Une miniature du xiie siècle represente Gui d'Arezzo tenant à la main son traité intitulé : *Micrologus.* M. Guénebault, *Dictionn. iconogr. des monum. de l'antiq. chrét. et du moyen âge.* ms.

[2] Ce passage se trouve reproduit dans le *Recueil des histor. de Fr.* t. X, l. c.

[3] Le système de Gui d'Arezzo fut appelé *main harmonique,* parce qu'il avait imaginé de tracer une main gauche, sur les doigts de laquelle il marquait tous les sons du clavier par leurs lettres correspondantes et par les syllabes qu'il y avait jointes.... — *Biogr. univ.* v. Guido. — J. J. Rousseau, *Dictionn. de musique.*

première strophe de l'hymne de saint Jean-Baptiste, en prenant la première syllabe de chaque
hémistiche :

> *Ut* queant laxis
> *Re* sonare fibris,
> *Mi* ra gestorum
> *Fa* muli tuorum,
> *Sol* ve polluti
> *La* bii reatum,
>> Sancte Joannes [1].

« Il n'y a pas encore un siècle et demi que
l'on a mis en usage la syllabe *si* pour désigner le
son qui était entre le *la* et l'*ut*... L'inventeur de
cette syllabe si nécessaire ne s'est point fait connaître. Les uns disent que ce fut Lemaire, d'autres disent que ce fut Metru, d'autres enfin
disent que ce fut M. Dupuy [2]. »

151. Anno Henrici imperatoris xiii°. fundata
est nobilis nunc et famosa valde ecclesia sancte
Marie de caritate, in quo loco requiescit sanctus Girardus prior ejusdem constructor ecclesie,
ubi multorum monachorum devota caterva divinis obsequiis mancipatur. Hic locus situs est

---

[1] Gerbert, *De cantu et musica sacra*, t. II, p. 45. — M. de
Villeneuve, *Hist. de saint Louis*, t. III, p. 467, notes. —
Biogr. univ. v. Guido.

[2] Le Beuf, *Traité histor. sur le chant ecclés.* 1741, p. 4.

super Ligerim fluvium, in episcopatu Antisio-
dorensi.

152. Saint Edward d'Angleterre, étant à table,
part d'un éclat de rire insolite; ses familiers l'in-
terrogent. Il a vu, répond-il, les sept frères
Dormants d'Éphèse, qui, depuis le temps de
Théodose, reposaient sur le côté droit, se re-
tourner sur l'autre côté. On fait vérifier la chose,
qui est trouvée exacte.

153. Prefatus papa (Gregorius), celebrata synodo, Symoniacos anathematizat, et uxoratos
sacerdotes a divino officio removit, et laicis missam eorum audire interdixit [1], novo exemplo; et
multis visum est inconsiderato prejudicio, contra
sanctorum patrum sentenciam, hoc fieri : nam
ipsi scripserunt quod sacramenta que fiunt in
Ecclesia, baptismus, s. crisma, corpus et sanguis
Christi, spiritu sancto latenter operante, eorum-
dem sacramentorum effectum, seu pro bonos
seu pro malos intra Ecclesiam Dei dispensentur.

154. Non multo post, idem sanctus Hugo vidit
per sompnium in solitudine Cartusie Deum sue
dignationi habitaculum construentem stellasque
vii. ducatum sibi prestantes itineris. Et ecce
sanctitatis ejus odore tracti, ad ipsum veniunt

---

[1] V. Labbei *Concilia*, t. X, p. 334, ann. 1074. — Baronius, *Annales eccles.* eodem anno, t. XI, p. 473.

vii. viri qui omnes uno desiderio succensi, locum heremitice vite congruum querebant, necdum quem repererant. Horum primus magister Bruno, vir religione scientiaque famosissimus. Alii iiii^{or} litterati, duoque laici. Quos sanctus Hugo gratanter suscepit, et voti compotes fecit : ipso namque consulente, juvante, comitante, Cartusie solitudinem intraverunt atque exstruxerunt. Sic cepit ordo Cartusiensis, inter ceteros ordines puritate mentium ac theorie studio singularis. Cepit autem anno Domini m°. lxxxvi°.

155. In eodem concilio (nempe Claromontano), statutum est quod hore beate Marie dicerentur et officium ejus diebus sabbatorum solempniter fiat.

Ibid. Anno Domini m°. xcvi°... Jubente Richerio Senonensi archiepiscopo, in cenobio sancti Petri vivi facto conventu solempni, sacratissimum caput magni Gregorii in uno scrinulo prius repositum, palam omnibus est ostensum.

157. Anno Domini m°. xcviii°. in Burgundia xii kal. aprilis, in festo sancti Benedicti abbatis, fundatum est cenobium quod Cistercium vocatum est, in episcopatu Cabillonensi, non longe a castro Divionensi. Hujus cenobii primus abbas Dompnus Robertus, abbas Molismensis, qui divino sollicitatus fenore, cum xxi° Monacho, depositis omnibus que in vestimentis puritati regule obviaverant, de Molismo egreditur, et

4

auctoritate Domini pape Urbani roboratus, ad vastam heremi et horribilem solitudinem pervenit Cistercii.....

163. Anno Domini M°. CXLV". Edissa Mesopotamie civitas in qua erant corpora sanctorum apostolorum Thome et Thadei, que ydolatrie sordibus nunquam fuerant polluta ex quo primitus ad Christianismum est conversa, a Turcis obsessa capitur.

166. Eodem anno (MCLIII".) Domini, Bernardus Clarevallis abbas, aliorum quoque amplius quam CLX monasteriorum pater, consummatis feliciter vite sue diebus, et annis circiter LXIII expletis XIII kal. septembris, inter filiorum manus obdormivit in Christo.

174. Récit de la prise de Jérusalem par les Turcs ; on y remarque cette phrase, f° 175 : « Saladini imperio basilicarum campane malleis sunt contrite. » Les derniers feuillets du manuscrit sont particulièrement consacrés à l'histoire des croisades.

Paris. — Typographie de Firmin Didot Frères, rue Jacob, 56.